# WAS MICH NICHT glücklich MACHT, KANN WEG

GROH

# Inhalt

## 3

## LOSLASSEN: MACH DICH FREI



## 4

## ZUM SCHLUSS: GEGEN DEN JOJO-EFFEKT

## LASS LOS

was dich festhält
und du hast die Hände frei, um
*Neues in die Hand
zu nehmen.*

Marion Blum

## Was sind die wichtigsten Dinge in deinem Leben?

Klar, in unserer modernen Konsumgesellschaft besitzen wir alle mehr, als wir wirklich zum Leben brauchen. Und wenn du dieses Buch in Händen hältst, hast du vermutlich dann und wann das Gefühl, dass dich dieses Zuviel eher belastet als glücklich macht.

In diesem Buch findest du Tipps und Aufgaben, die dir Schritt für Schritt und in den verschiedensten Bereichen deines Lebens dabei helfen, zu entscheiden, was dir wichtig ist – und was weg kann.

Im ersten Kapitel „Ausmisten" geht es um die Frage, was du brauchst und was nicht, und wie du deine Besitztümer sinnvoll sortieren kannst. Das zweite Kapitel „Entrümpeln" hilft dir, dich von den nicht benötigten Dingen auch wirklich zu trennen und sie auf sinnvolle Weise loszuwerden. Wenn du im dritten Kapitel „Loslassen" möchtest, kannst du lernen, auch auf Immaterielles wie z. B. unwichtige Termine zu verzichten. Und „Zum Schluss" gibt es noch gute Tipps gegen den Jojo-Effekt.

Du musst dieses Buch nicht von einer Seite zur nächsten durcharbeiten. Du kannst Bereiche weglassen und mit Hilfe des Inhaltsverzeichnisses zwischen den Kapiteln und von einem Thema zum nächsten springen. Und du hast viel Platz, deine eigenen To Dos und Ideen aufzuschreiben oder deine Gedanken und Erinnerungen zu notieren.

## JETZT KANN'S LOSGEHEN!

# Ausmisten

WENIGER

IST MEHR

## WIE VIEL BRAUCHST DU WIRKLICH?

Eins ist klar: Du besitzt vieles, das du selten oder so gut wie nie benutzt. Das ist auch in Ordnung. Ein Abendkleid wirst du nicht jeden Tag zur Arbeit tragen und deinen Schlafsack brauchst du eben nur dann, wenn du mal campen gehst.

Aber dann sind da auch diese Dinge, die eigentlich für den täglichen Bedarf gedacht sind, aber dennoch im Schrank, im Regal oder in deiner Handtasche ihr unbeachtetes Dasein fristen: Deine Lieblingsschuhe, die inzwischen viel zu ausgelatscht sind, um sie noch in der Öffentlichkeit zu tragen. Oder das Deo, das an dir einfach nicht gut riecht, aber zu teuer war, um jetzt im Müll zu landen.

Mach dich frei von diesen Dingen!

Jetzt wird

# AUSGEMISTET!

## KLEIDERSCHRANK, BÜCHERREGAL, EMAILPOSTFACH ...

Schreibe hier in die Felder, in welchen Bereichen du unbedingt aufräumen möchtest. Inspiration kannst du dir bei einem kurzen Blick aufs Inhaltsverzeichnis holen.

# Bevor du startest

Die guten Vorsätze sind da und du wirst nun dein ganz persönliches Projekt Minimalismus starten.

Wie fühlst du dich, nachdem du diesen Entschluss gefasst hast?

Mit welchen Gefühlen blickst du auf die Aufgaben, die vor dir liegen?

Und was ist dein Ziel – wie willst du dich am Ende fühlen?

# Die goldene Regel

Bevor du dich an die Arbeit machst, solltest du einen Plan haben. Die wichtigsten drei Schritte, die am Anfang allen Ausmistens stehen, lauten:

- Einmal alles raus
- Sortieren und aussortieren
- Wieder einräumen

Klingt einfach und ist einfach. Darum solltest du dich strikt an dieses Vorgehen halten, um nicht im Chaos zu versinken oder planlos und frustriert auf halber Strecke aufzugeben. Wähle dir nun dein erstes Projekt – fange am besten mit etwas Kleinem an, um warm zu werden. Dem überfüllten Keller kannst du dich widmen, wenn du Profi bist. Und plane genügend Zeit ein, damit du nicht unter Druck gerätst.

## WAS WIRST DU ALS ERSTES AUSMISTEN?

______________________________

______________________________

## WANN STARTEST DU DEIN PROJEKT?

______________________________

______________________________

KLEIDER
*machen wohl*
LEUTE,
*aber nicht*
MENSCHEN.

Friedl Beutelrock

# Kleiderschrank

Viele Menschen haben eine sehr gespaltene Beziehung zu ihrem Kleiderschrank. Einerseits beherbergt er all die schönen Lieblingsstücke, in die man sich so gerne kleidet. Andererseits ist er abwechselnd zu voll oder zu leer oder wird gar zum Friedhof abgetragener, zu klein gewordener oder verhasster Klamotten.

?

Wie stehst du zu deinem Kleiderschrank? Beschreibe hier deine *Hassliebe* und notiere, was du dir vorgenommen hast. Wie willst du dich beim Blick in deinen *perfekten* Kleiderschrank fühlen?

# DEIN KLEIDERSCHRANK
## *vorher*

Klebe hier ein Foto deines Kleiderschranks ein, z. B. von der chaotischsten oder überfülltesten Ecke, oder mache eine schnelle Skizze des Ist-Zustands.

## UND HIER NOCH EIN PAAR TIPPS ...

Bevor du deinen Kleiderschrank ausmistest, können ein paar Ideen und Anregungen sicher nicht schaden.

Es gibt Kleidungsstücke, die du naturgemäß nicht regelmäßig brauchst, z. B. für feine Anlässe oder für Outdoor-Aktivitäten. Wenn du den Eindruck hast, dass diese immer im Weg sind, kann es helfen, einen eigenen Bereich im Schrank dafür einzurichten. Dann hast du auf Alltagsklamotten immer direkt Zugriff.

Es hilft nichts, Anprobieren ist das A und O beim Aufräumen des Kleiderschranks. Auch ganz wichtig: Sei ehrlich zu dir selbst. Baucheinziehen nützt nichts. Wenn du dich nicht wohlfühlst, dann miste das Kleidungsstück aus!

Und nicht vergessen: alles raus – aussortieren – ordentlich wieder einräumen.

# Was sich so alles findet ...

So ein Kleiderschrank beherbergt die verschiedensten Problemfälle. Von welcher Sorte hast du die meisten?

- Lieblingsstücke, die leider nicht mehr tragbar sind ... aber du bringst es (bis jetzt!) nicht übers Herz, sie wegzuwerfen.
- Zu eng, zu kurz, zu weit ... eigentlich passt es nicht, aber das Teil ist doch sooo schön!
- Wenn du irgendwann einmal auf einen Ball gehst / abgenommen hast / den Mount Everest besteigst, dann ...
- Die Farbe, der Stil, der Schnitt ... das musstest du unbedingt haben, aber so richtig passt es doch nicht zu dir.

Genau diese Klamotten müssen jetzt raus! Tipps, wohin damit, findest du im zweiten Kapitel „Entrümpeln".

Aber gönn dir auch ein paar Schlupflöcher:

WENN DU DIR UNSICHER BIST, OB DU ETWAS NICHT DOCH NOCH TRAGEN WILLST, KLEBE EINEN STREIFEN TAPEZIERBAND DRAUF. WENN DAS KLEBEBAND IN 3 MONATEN NOCH DA IST, KANN DAS TEIL WEG.

PACKE DIE KLEIDUNGSSTÜCKE, VON DENEN DU DICH IM MOMENT NOCH NICHT TRENNEN KANNST, IN EINE KISTE. WENN DU IRGENDWANN VERGESSEN HAST, DASS SIE DARIN SIND, KÖNNEN SIE WEG.

# DEIN KLEIDERSCHRANK *nachher*

Hier ist Platz für ein Foto oder eine Zeichnung deines neuen, aufgeräumten und übersichtlichen Kleiderschranks!

AUSMISTEN

# Schuhregal

Mit den Schuhen ist es ja oft noch schlimmer als mit den Klamotten ... Auch hier finden sich die ausgelatschten Lieblings-Treter, von denen man sich nicht trennen kann; das schicke Paar, das eigentlich total unbequem ist; oder die Must-Haves, die einfach zu nichts passen. Bevor du dich ans Ausmisten deines Schuhregals machst, solltest du dich ganz ehrlich fragen, wieviele und welche Schuhe du wirklich brauchst.

?

Hast du es lieber bequem und praktisch oder akzeptierst du Blasen an den Füßen für einen stylischen Auftritt? Für welche *Anlässe* benötigst du welche Schuhe? Notiere hier deine Überlegungen und deine *absoluten Lieblingsstücke:*

THE *shoes* ARE THE KEY ITEM OF AN OUTFIT.

# Was bleibt übrig?

Nachdem du dir nun überlegt hast, welche Schuhe dir wichtig sind, kannst du dich ans Ausmisten machen. Auch hier gilt, anzuprobieren und ehrlich zu dir selbst zu sein. Wenn die Zehen schon nach zehn Sekunden schmerzen, überlebst du wohl keinen ganzen Tag in diesen Schuhen!

Hier noch ein paar Tipps:

- Schuhe, die du nur zu besonderen Gelegenheiten benötigst (Hochzeit, Schneeschuhwandern ...) am besten in einer separaten Kiste lagern, damit sie dein Regal nicht verstopfen.
- Auch bei den Schuhen kannst du Wackelkandidaten mit Tapezierband markieren – wenn es nach der Jahreszeit, in der du die Schuhe tragen würdest, immer noch auf der Innensohle klebt, müssen die Schuhe weg.
- Schuhe sind Saisonware! Darum ist halbjährlich ein kritischer Blick ins Regal ratsam.
- Ein ordentliches Schuhregal hilft, den Überblick zu bewahren. Alle Paare schön nebeneinander. Dann bleiben sie auch länger in Form und es gibt nach der nächsten Shopping-Tour keine böse Überraschung: „Ups, ein ganz ähnliches Paar hatte ich doch schon im Schrank ...“

Was sich sonst noch

# IM SCHRANK TUMMELT

## HANDTÜCHER, BETTWÄSCHE, DECKEN, HÜTE ...

Was findet sich noch so in deinen Schränken und müsste mal ausgemistet werden?

AUSMISTEN

# Accessoires

Jetzt wird's kleinteilig ... Denn mal ehrlich: Wer besitzt schon eine sauber geordnete Schublade, geschweige denn einen gut sortierten Schrank für all den schönen Schnickschack, der zu einem perfekten Outfit dazugehört? Meistens sind Schmuck, Schals, Gürtel usw. in der Diele, im Bad und sonst wo verteilt.

! Sammle zunächst aus allen Ecken, Schubladen und verborgenen Winkeln deine *Accessoires* zusammen, breite sie auf dem Bett oder dem Boden aus und versuche, sie grob zu sortieren – nach Art oder Anlass zum Beispiel. Dann notiere hier, welche verschiedenen Gruppen du gebildet hast und wie viele Teile sich jeweils darin befinden:

# Was ist dir wichtig?

Und nun stellt sich die Frage aller Fragen: Was aus diesem ganzen Sammelsurium brauchst du wirklich? Was benötigst du oft, was selten, was nie?

Kreuze hier alle Punkte an, die auf dich zutreffen:

- Ich trage im Alltag so gut wie keine Accessoires.
- Zu besonderen Anlässen trage ich gerne auffällige Accessoires.
- Ich habe ein paar Lieblingsstücke, die ich eigentlich immer trage.
- Modische Trends sind mir wichtig und das soll sich auch in meinen Accessoires zeigen.
- Ich besitze einige hochwertige Teile, die zeitlos sind oder die ich mit besonderen Erinnerungen verbinde.

WAS FOLGERST DU AUS DIESEN ÜBERLEGUNGEN? ZU WELCHEN ANLÄSSEN BENÖTIGST DU ACCESSOIRES?

WIE VIELE STÜCKE BRAUCHST DU WIRKLICH UND AUF WELCHE KÖNNTEST DU NIE VERZICHTEN?

ES glitzert.

ES IST SINNLOS.

ICH WILL ES!

# RAN AN DEN STAPEL!

Nachdem du nun weißt, was dir wichtig ist, kannst du den Stapel vor dir sortieren.

Wenn du selten Accessoires trägst, lege eine Kiste an oder räume ein Fach in deinem Schrank frei und ordne hier deine Schmuckstücke für besondere Anlässe hübsch ein. Der Rest kann weg!

Wenn du auch im Alltag Accessoires trägst und gerne verschiedene Teile zu verschiedenen Outfits und Anlässen kombinierst, ordne deinen Bestand entsprechend. Du könntest z. B. den Gürtel, der perfekt zu dieser einen Jeans passt, auch zusammen mit dieser im Schrank aufbewahren. Oder du legst verschiedene Kisten an: Schals, Gürtel etc. oder „Every day", „Glamour" usw. Alles, was aus der Mode gekommen ist und nur noch in einer Ecke verstaubt, kann weg!

Wenn du einige besonders schöne Accessoires besitzt, z. B. Erbstücke oder teuren Schmuck, solltest du diese auch besonders sorgfältig aufbewahren.

# WAS FÜR EIN Schmuckstück

Hast du dich von einem besonders schönen Stück getrennt, das du zwar nicht mehr trägst, das dir aber früher viel bedeutet hat? Klebe es hier ein – oder ein Foto davon.

AUSMISTEN

# (Hand-)Tasche

Und jetzt geht es so richtig ans Eingemachte ... die Handtasche, ein Mysterium. Oder ist das alles halb so wild?

? Wie viele Taschen besitzt du? Trägst du immer die gleiche oder wechselst du regelmäßig?

? Wie groß ist deine Handtasche? Muss alles reinpassen oder verwendest du für größere Dinge eine separate Tasche?

? Nachdem du diese beiden Fragen beantwortet hast: Fühlt es sich richtig an, wie es ist, oder würdest du gerne etwas ändern?

Was muss

# IMMER MIT?

## WAS MUSS UNBEDINGT MIT IN DIE TASCHE?

Schreibe hier die Dinge auf, die niemals fehlen dürfen.

# Alles muss raus!

Keine Angst, erstmal nur raus aus der Tasche. Danach könnte die Tasche vielleicht eine kleine Grundreinigung vertragen? Dann darfst du wieder einräumen. Zuerst die Dinge, die du gerade als unverzichtbar notiert hast. Dann entscheide dich:

- Ich komme gut zurecht so, wie meine Tasche momentan ist.
- Das Chaos in meiner Tasche nervt gewaltig!

HAST DU PUNKT 1 ANGEKREUZT? DANN LASS ES DOCH EINFACH, WIE ES IST! DU DARFST WIEDER EINRÄUMEN. OKAY, EIN BISSCHEN AUSMISTEN GEHT IMMER. STEINHARTER KAUGUMMI, BENUTZTE TASCHENTÜCHER ... DAS SOLLTE BESSER DRAUSSEN BLEIBEN:

Hast du Punkt 2 angekreuzt? Dann nutze die Gelegenheit und räume wirklich nur das Wichtigste zurück in die Tasche. Die anderen Dinge solltest du noch eine Weile aufbewahren. Wenn du sie im Praxistest nicht vermisst hast, können sie weg.

Noch ein Tipp: Kleine Taschen oder Beutel helfen dir, auch bei einer vollen Tasche den Überblick über das Chaos zu behalten.

DAS AUSSORTIEREN
des Unwesentlichen
IST DER KERN
aller Lebensweisheit.

Laozi

# Zwischenstand

Du hast nun schon einige Aufgaben erledigt, hast mehr Ordnung in dein Leben gebracht und dich von einigen Dingen getrennt.

Wie schwer sind dir diese Aufgaben gefallen?

Wie fühlst du dich nun, nach Erledigung der Aufgaben?

Wie fühlst du dich, wenn du an das denkst, was noch vor dir liegt?

AUSMISTEN

# Bücher & Zeitschriften

Fangen wir mit den Büchern an ... Bevor du dich daran machst, dein Bücherregal auszumisten, solltest du folgende Liste ausfüllen – und zwar, ohne vorher einen Blick auf deine Bücher geworfen zu haben. Ganz spontan, aus dem Bauch heraus:

?

Welches sind deine zehn *Lieblingsbücher?* Die Bücher, die du ohne Zögern weiterempfehlen könntest, die du immer wieder lesen würdest und die dich *ganz besonders* berührt oder bewegt haben.

# Wie viele Bücher brauchst du ...

... zum Überleben? Welche Rolle spielen Bücher überhaupt für dich?

Kreuze alle Punkte an, die auf dich zutreffen:

- Ein Leben ohne Bücher ist möglich, aber sinnlos.
- Lesen ... muss das sein?
- Je größer das Bücherregal, desto besser!
- Wenn ich ein Buch gelesen habe, hat es für mich keine Bedeutung mehr, ich lese es sowieso kein zweites Mal.
- Wenn es ein E-Book gibt, lese ich lieber digital.
- Bücher sind Schätze, die ich immer wieder zur Hand nehmen oder verleihen möchte.

BÜCHER SIND DIR NICHT SO WICHTIG? GANZ EHRLICH: DU MUSST NIEMANDEM ETWAS BEWEISEN. BIS AUF DIE FOLGENDEN WICHTIGEN TITEL KANNST DU ALLES AUSSORTIEREN:

______________________________

______________________________

______________________________

Bücher sind für dich etwas ganz Besonderes?
Bitte umblättern!

BÜCHER UND FREUNDE

*soll man*

WENIGE UND GUTE

*haben.*

aus Spanien

# ERSCHLÄGT DICH DEIN SUB*?

Bücher sind dir wichtig, darum hast du ein großes Bücherregal, sortierst deine Bücher nach Farben oder Autoren und präsentierst deine Lieblingstitel auf besondere Weise? Das ist toll! Mach weiter so.

Aber wenn es eng wird in deinem Regal, solltest du dich ans Ausmisten machen. Du kannst die besonderen Bücher besser genießen und in Szene setzen, wenn du von Zeit zu Zeit Balast loswirst. Es muss nicht gleich das halbe Bücherregal verschwinden. Aber ein paar Titel, damit wieder etwas Luft in den Reihen ist, müssen es schon sein.

Gehe das Regal Titel für Titel durch und frage dich, ob du dieses Buch noch einmal lesen oder verleihen würdest. Ob du dich überhaupt noch an den Inhalt erinnern kannst oder ob du es sogar doof fandest. Dann muss es weg.

Das Gute daran: Es ist wieder Platz für neue Bücher! Übrigens: Wenn es dir schwer fällt, Bücher wegzuwerfen, sammle jetzt ein paar hilfreiche Tipps im Kapitel „Entrümpeln".

* Stapel ungelesener Bücher

Und jetzt zu

# ZEITSCHRIFTEN & ZEITUNGEN

## WELCHE ZEITSCHRIFTEN UND ZEITUNGEN LIEST DU REGELMÄßIG?

Markiere auch, ob du sie aufbewahren möchtest, um später noch einmal reinzublättern, oder ob du sie nach dem Lesen wegwirfst.

# Tipps für mehr Ordnung

Zeitschriften und Zeitungen, die du nach dem Lesen wegwirfst, kannst du beim Ausmisten ignorieren – vergiss nur nicht, sie nicht irgendwo rumliegen zu lassen.

Für Zeitschriften, die du aufbewahren möchtest, hier ein paar Tipps:

- Lege Stehsammler an und beschrifte sie ordentlich: Welche Zeitschriften archivierst du hier und über welchen Zeitraum?
- Markiere interessante Artikel mit Post-Its oder Eselsohren, damit du sie schnell wiederfindest.
- Wenn du nur einige wenige Artikel in einer Zeitschrift aufheben möchtest und den Rest eigentlich nicht mehr benötigst, dann schneide diese aus und sammle sie separat, z. B. in einem Ordner. Die restliche Zeitschrift kann weg.
- Wenn du sogar nur einzelne Zitate oder Textpassagen aufbewahren möchtest, lege dir dafür ein Notizbuch an.

WELCHE DIESER TIPPS SIND FÜR DICH SINNVOLL UND FÜR WELCHE ZEITSCHRIFTEN MÖCHTEST DU SIE UMSETZEN?

AUSMISTEN

# Schreibtisch

In diesem Kapitel kannst du dich sowohl deinem Schreibtisch zu Hause als auch an deinem Arbeitsplatz widmen.

! Grundsätzlich gilt: Was du nicht zum Arbeiten benötigst, hat auf dem Schreibtisch *nichts verloren.* Eigentlich ...

Notiere hier, welche Gegenstände du für deine Arbeit täglich brauchst. Und zum Schluss ein, zwei Dinge, die eigentlich nichts mit der Arbeit zu tun haben, aber hübsch aussehen, deinem Schreibtisch eine individuelle Note verleihen oder für eine schöne Atmosphäre sorgen:

# DER PERFEKTE
# Arbeitsplatz

Verstaue alles, was nicht auf der Liste steht, in Schubladen, Fächern, Ordnern oder Kisten – oder wirf es weg, wenn du es gar nicht mehr benötigst. Dann schieße ein Foto von deinem perfekt aufgeräumten Schreibtisch und klebe es hier ein. So sollte er immer aussehen! Eigentlich ...

BEWAHRE NICHTS

in deinem Haus auf,
was nicht entweder
*wunderschön*
*oder unentbehrlich*
*nützlich ist.*

William Morris

AUSMISTEN

# CDs & DVDs

Oder hast du sogar noch Schallplatten, Kassetten und Videobänder zu Hause? Wie auch immer – jetzt wird ausgemistet!

**?**

Musik und Filme genießt du via Download oder *On Demand?* Wenn ja, notiere hier die CDs, DVDs etc., die für dich besonders *wichtig* sind – und sortiere den Rest aus. Tipp: Wenn du sie vor dem Ausmisten digitalisierst, bleiben sie dir erhalten, ohne dein Regal zu verstopfen.

**?**

Nutzt du CDs, DVDs und Co. und stellst sie gerne aus? Wenn ja, darfst du deine Sammlung behalten :-) Du solltest die Titel aber von Zeit zu Zeit durchsehen, ob welche darunter sind, die du nicht mehr benötigst und ausmisten kannst, z. B.:

AUSMISTEN

# Kosmetik

Dieses Thema ist natürlich individuell sehr verschieden. Darum ist es wichtig, dass du für dich persönlich erst einmal einen Überblick bekommst:

!

Beschreibe hier deine Routinen (am Morgen, beim Heimkommen, vor dem Ausgehen …) und notiere, welche Drogerieartikel du dafür benötigst.

# You are beautiful ...

Das muss an dieser Stelle einfach mal gesagt werden. Du hast bereits so fleißig ausgemistet, da ist ein Kompliment mal angebracht.

Aber zurück zum Thema ☺ Hier ein paar Tipps:

- Genauso wie Lebensmittel haben auch Hygieneartikel ein Verfallsdatum. Darum solltest du Kosmetika, die du nicht regelmäßig benutzt, von Zeit zu Zeit durchsehen – wenn das Haargel zäh oder der Nagellack eingetrocknet ist, ab damit in den Müll!

- Was dir nicht schmeckt, musst du auch nicht benutzen. Vielleicht war eine Creme recht teuer oder ein Parfum war ein Geschenk ... Hab kein schlechtes Gewissen deswegen: Wenn es nicht zu dir passt, muss es weg.

- Dein Style hat sich geändert? Dann zögere nicht, unpassende Pflegeprodukte auszumisten. Manchmal ist es einfach an der Zeit, etwas Neues auszuprobieren!

- Ordnung ist das halbe Leben – auch bei Hygieneartikeln. Wenn du die verschiedenen Produkte in Kisten, Kulturbeuteln oder Körbchen lagerst, sieht dein Bad schon viel aufgeräumter aus – und gemütlicher!

UND WIE WÄRS JETZT MIT EINEM GEMÜTLICHEN BAD ODER EINER WOHLTUENDEN MASKE? DU HAST ES DIR VERDIENT!

AUSMISTEN

# Souvenirs

Ein heikles Thema. Denn wie der Name schon sagt – an den geliebten Mitbringseln hängen so viele Erinnerungen! Aber mal ehrlich: An was davon erinnerst du dich wirklich?

?

Schließe die Augen und denke an deine letzten *Reisen oder Ausflüge* zurück. Welche Souvenirs hast du mitgebracht? Wo sind sie ausgestellt bzw. benutzt du sie? Dann notiere hier, woran du dich erinnert hast:

Das Leben ist eine Reise.

Je weniger Gepäck man dabei hat, desto

**MEHR EINDRÜCKE**

kann man mitnehmen.

Hanna Schygulla

# Manches muss weg …

Aber natürlich nicht alles! Auch wenn du mitten drin bist im Ausmisten, solltest du einige Erinnerungsstücke bewahren. Die Liste, die du angelegt hast, hilft dir schon einmal bei der Auswahl.

Und dann beantworte noch die folgenden Fragen:

- Welche Reise oder welche zwei, maximal drei Reisen waren die schönsten bisher?
- Hast du mit einem ganz besonderen Menschen eine Reise gemacht?
- Hat dich eine Reise besonders geprägt?

Von diesen Reisen solltest du auf jeden Fall mindestes ein Souvenir aufbewahren.

Ganz wichtig beim Ausmisten von Souvenirs: Nimm dir Zeit dafür. Genieße es, in Erinnerungen zu schwelgen! Vielleicht nimmst du es zum Anlass, alte Fotos anzusehen.

## WORAN HAST DU DICH BESONDERS GERN ZURÜCKERINNERT?

## WELCHE BESONDERE ODER LUSTIGE GESCHICHTE IST DIR BEIM BETRACHTEN DEINER SOUVENIRS WIEDER EINGEFALLEN?

# WAS FÜR EINE WUNDERBARE Erinnerung

Klebe hier ein kleines Souvenir oder ein Foto von einem Souvenir ein, das dem Ausmisten zum Opfer gefallen ist, aber nicht in Vergessenheit geraten soll.

# KURZE AUSZEIT!

Wow, du hast schon viel geschafft und dich von so manchen Dingen getrennt. Es ist Zeit, kurz innezuhalten und dir selbst auf die Schulter zu klopfen.

Du kannst stolz darauf sein, wieviel du bereits ausgemistet hast. Fühlst du dich beim Blick in deine Schränke und Regale erleichtert und zufrieden? Auch falls dich noch Zweifel plagen – „Hätte ich nicht noch mehr aussortieren können?“ oder „In manchen Winkeln versteckt sich immer noch so viel Kleinkram“ – solltest du nun eine kurze Pause einlegen.

Das Projekt Minimalismus lässt sich nicht von heute auf morgen bis zur Perfektion umsetzen. Und das muss es auch gar nicht! Auch, wenn du nur in kleinen Schritten vorankommst, ist es doch die Grundeinstellung, die zählt. Du beschäftigst dich mit dem, was dir wichtig ist, was dich wirklich glücklich macht. Du schwelgst in Erinnerungen, machst dir bewusst, was von Bedeutung ist in deinem Leben. Und genau darum geht es doch!

# DU BIST EINFACH
# wunderbar

Gönne dir einen Moment nur für dich.
Schreibe hier auf, was dir durch den Kopf geht,
kritzel drauf los ... ganz egal, mach dich frei!

AUSMISTEN

# Küche

Egal ob voll ausgestattete Küche oder kleine Kochnische – hier droht schnell das Chaos auszubrechen!

?

Welcher Typ bist du? *Kochst* du gerne?
Benötigst du viel Equipment?
Oder bleibt bei dir die Küche eher *kalt*?
Beschreibe hier kurz, was dir wichtig ist bei einer Küche:

Top 10 der wichtigsten

# KÜCHENGERÄTE

## VON KAFFEEMASCHINE BIS GEWÜRZREGAL ...

Welches sind die 10 wichtigsten Utensilien in deiner Küche?

# Zu viele Köche …

… verderben den Brei und zu viel Equipment verdirbt dir die Lust am Kochen. Überlege, was du fernab deiner Top 10 wirklich in der Küche brauchst. Und dann sortiere nach folgenden Gesichtspunkten:

- Alles, was du regelmäßig brauchst, sollte auf der Arbeitsfläche zu finden sein oder in den Regalen und Schubläden, die du gut erreichst.
- Alles, was du nur selten brauchst, kann in den schwer erreichbaren oberen Fächern oder in einer Kiste verschwinden, die du bei Platzmangel auch in einem anderen Raum lagern kannst.
- Und alles andere kann weg!

## FRIEDHOF DER KÜCHENGERÄTE … WAS HAT ES NICHT INS NEUE ORDNUNGSSYSTEM GESCHAFFT?

Stopp! Elektrogeräte gehören nicht in den Haushaltsmüll. Im zweiten Kapitel „Entrümpeln“ findest du bestimmt ein paar sinnvolle Wege, sie loszuwerden.

# NICHT VERGESSEN: VORRÄTE

Bei manchen ist es eine separate Kammer, bei anderen ein Schrank oder auch nur ein Regalfach ... Der Ort, an dem du deine Lebensmittelvorräte lagerst, folgt möglicherweise ganz eigenen Gesetzen.

Es gibt Phasen, da hat man riesige Lust auf ein bestimmtes Essen und kauft ganz viele der Zutaten auf Vorrat - und dann verlässt einen dieser Appetit wieder und die Dinge verstauben.

Oder es ist etwas im Supermarkt im Angebot und man denkt, man könnte einen Lebensvorrat einer speziellen – sagen wir zum Beispiel Dosensuppe – gut gebrauchen. Ist aber dann meistens gar nicht so ...

Der Vorratsschrank lebt also und kann nicht nach üblichen Systemen ausgemistet werden. Wichtig ist allerdings: Versuche, deine Vorräte nach dem Haltbarkeitsdatum zu sortieren und sieh sie regelmäßig durch, um alte Lebensmittel rechtzeitig zu entdecken, bevor sie nicht mehr verwendbar sind.

# MINDESTENS *haltbar bis*

Schokoriegel aus der Nachkriegszeit oder Alufolie vom Vor-Vor-Vormieter? Schreibe oder zeichne hier auf, welches das älteste Ding ist, das du beim Ausmisten deiner Küche gefunden hast.

Essen
GUT,
ALLES GUT!

AUSMISTEN

# Im Auto

Wie viele Leichen hast du im Kofferraum? Nicht nur bei Mafiosi sammelt sich allerhand an im Leben eines Autos, das darin zurückgelassen, vergessen und manchmal auch wiedergefunden wird.

! Also, ran ans Ausmisten! Getreu der Regel „alles raus – sortieren – wieder rein“. Und dazwischen eine Runde *Durchsaugen* nicht vergessen.

Welche verloren geglaubte Schätze hast du wiedergefunden?

# Da war doch noch was …

A propos Auto: Besitzt du eine Garage?

- Nein.
- Ja, klar, da steht doch das Auto.
- Ach stimmt, ich habe eine Garage – aber nein, das Auto passt da nicht mehr rein.

Falls du Punkt 1 oder 2 angekreuzt hast, ersetze „Garage“ mit „Keller“. Bleibt es bei Punkt 1, bist du jetzt fein raus. Sollten aber deine Garage oder dein Keller so vollgestopft sein, dass weder Auto noch sonst etwas noch Platz darin finden, ist es höchste Zeit, auszumisten!

## WAS STÖRT DICH SCHON LANGE UND MUSS UNBEDINGT WEG?

## NUR NICHT DEN MUT VERLIEREN

Da Räume wie Garage oder Keller nun mal dazu da sind, Dinge zu lagern, haben sie leider auch die Tendenz, ziemlich schnell zu kleinen Müllhalden zu werden. Damit es gar nicht erst soweit kommt, hier zwei Tipps:

Regelmäßig ausmisten! Das klingt banal, schließlich ist das genau das Thema hier ... Aber tatsächlich ist die Garage oder der Keller eben ein Raum, den man beim Ausmisten schnell vergisst, weil er nicht im Haus bzw. in der Wohnung liegt.

Klug lagern! Regale an den Wänden sind dabei eine große Hilfe. Wenn du etwas im Keller bzw. in der Garage unterbringst, versuche es bei ähnlichen Dingen zu lagern, so schaffst du dir zumindest ein grobes Ordnungssystem. Kleine Gegenstände am besten in Kisten aufbewahren. Hierbei ist es sehr wichtig, die Kisten zu beschriften, um alles wiederzufinden!

AUSMISTEN

# Pflanzen

Selbst wenn es dir schwerfällt, schließlich sind Pflanzen Lebewesen: Auch hier musst du ausmisten. Denn nichts macht unglücklicher als der Blick auf eine vertrocknete Pflanze – da ist die tägliche Dosis schlechtes Gewissen schon vorprogrammiert.

! Trenne dich von Pflanzen, die vertrocknet sind, aber auch von solchen, die dir auf anderem Wege *die Laune* vermiesen (weil sie unangenehm riechen zum Beispiel).

Vertrocknete Pflanzen bekommen auf dem Kompost ein zweites Leben, Pflanzen, die noch in Ordnung sind, kannst du verschenken. Und hier kannst du in einem kurzen Text Abschied nehmen:

DER

Weg

IST DAS

ZIEL.

AUSMISTEN

# Unterlagen

Entweder liegen Unterlagen ewig herum und man findet einfach nicht die Zeit, sie abzuheften. Oder man hat alles schön ordentlich abgelegt und findet dann trotzdem nichts.

! Ordner, Ablagefächer und Stehsammler sind das wichtigste Mittel gegen Unterlagen-*Chaos*.

Auch wenn sie oft eher praktisch als hübsch sind, in diesem Fall gibt es keine bessere Alternative.

! Richte dir Ablagefächer für noch *zu bearbeitende* Unterlagen (z. B. eine unbezahlte Rechnung) und für *bearbeitete,* aber noch nicht abgeheftete Unterlagen ein – so behältst du den Überblick.

Schaffe dir Raum in einem Regal oder Schrank, wo du alle Ordner, Ablagen usw. aufbewahren kannst – und plane genug Platz ein, denn im Laufe eines Lebens sammeln sich nun mal immer mehr Unterlagen an.

! Gleiches gilt für Ordner: Lege für unterschiedliche Bereiche verschiedene Ordner an und stopfe sie nicht bis zum Rand voll – du benötigst *Puffer* für Neues.

# Dein neues ORDNUNGSSYSTEM

## MITHILFE DIESER TIPPS KANNST DU HIER DEIN PERFEKTS ORDNUNGSSYSTEM ENTWERFEN.

Schreibe auf, für welche Lebensbereiche du jeweils einen Ordner bzw. eine Ablage benötigst, und sortiere deine Unterlagen nach diesem Prinzip neu.

AUSMISTEN

# Digitales

Puh, das könnte fast noch anstrengender werden als das Ausmisten tatsächlicher Dinge. Aber keine Sorge, Schritt für Schritt wirst du das meistern! Denn auch, wenn Speicherplatz immer günstiger wird – eine gewisse Pflege und Ordnung im digitalen Bereich macht dir das Leben so viel einfacher.

?

Was bedeutet *digitales Ausmisten* für dich? Notiere zunächst einmal alles, was dir dazu einfällt - vom Emailpostfach bis zur Festplatte, vom Handy-Telefonbuch bis zu Fotos.

# BIST DU AUCH SCHON älter ALS DAS INTERNET?

# Was gilt es, auszumisten?

Zusätzlich zu deiner Ideensammlung findest du hier noch ein paar Vorschläge, wo du im digitalen Bereich ausmisten könntest. Kreuze an, was für dich sinnvoll ist:

- Fotos
- Posteingang, z. B. Newsletter
- Adressbuch (Emailkonto und Messenger-Dienste)
- Apps
- Ordner und Dateien
- Musik
- Filme

**ERGÄNZE HIER WEITERE BEREICHE, DIE DIR NOCH EINGEFALLEN SIND:**

Und jetzt ran ans Werk!

Und was gibt es

# SONST NOCH?

## AM ANFANG DIESES KAPITELS HAST DU BEREICHE NOTIERT, IN DENEN DU AUFRÄUMEN MÖCHTEST.

Welche davon wurden bisher nicht behandelt oder sind dir neu eingefallen? Notiere sie hier.

## AUSMISTEN

Hier hast du Platz, noch weitere Themen zu notieren, Ideen zu sammeln oder Erfahrungen und Tipps aufzuschreiben:

# AUSMISTEN

Hier hast du Platz, noch weitere Themen zu notieren, Ideen zu sammeln oder Erfahrungen und Tipps aufzuschreiben:

Hier hast du Platz, noch weitere Themen zu notieren, Ideen zu sammeln oder Erfahrungen und Tipps aufzuschreiben:

Wer zu

VIELE SCHÄTZE

anhäuft, hat

VIEL ZU VERLIEREN.

Laozi

# Zwischenstand

Du hast die erste Hürde auf dem Weg zu einem minimalistischeren Leben genommen und in vielen Bereichen deines Lebens ausgemistet.

Wie schwer ist dir das gefallen?

Wie fühlst du dich jetzt?

Und wie geht es dir, wenn du daran denkst, welche Aufgaben noch vor dir liegen?

# Entrümpeln

WEG DAMIT

## UND WIE GEHT ES WEITER?

Im ersten Kapitel hast du aussortiert, ausgemistet und aufgeräumt. Das wäre geschafft! Aber wohin mit den ganzen Sachen?

In diesem Kapitel stehst du vor der Aufgabe, dich nun wirklich von diesen Dingen zu trennen. Und das ist mindestens genauso schwer. Denn ist der Papierkorb oder die Tüte mit Altkleidern erst einmal in der Tonne verschwunden, gibt es kein Zurück mehr ...

Aber mit ein paar Tipps und Tricks wird es dir gelingen, dich auf sinnvollen Wegen von altem Balast zu verabschieden.

Überwinde deinen inneren Schweinehund. Jetzt wird entrümpelt!

ENTRÜMPELN

# Schritt für Schritt

Übe dich in Geduld. Du kannst nicht alles, was du ausgemistet hast, auf einmal loswerden – es sei denn, du stellst einen riesigen Container vor die Tür und wirfst alles einfach hinein. Aber das wäre doch schade um die vielen Schätze, die sich darunter befinden.

!

Lege erstmal einen *Fahrplan* an bzw. eine *Liste*, die du dann abarbeiten kannst. Du kannst z. B. nach den verschiedenen Bereichen aus Kapitel 1 vorgehen oder Raum für Raum. Notiere deinen Plan hier:

Nimm dir ausreichend

# ZEIT DAFÜR

## ENTRÜMPELN PASSIERT NICHT VON JETZT AUF GLEICH.

Hier kannst du aufschreiben, wann du dir wie viel Zeit nehmen möchtest. Plane genügend Puffer ein!

Wer
SEINE ZEIT
einzuteilen weiß,
HAT ZEIT
für alles.

Friedrich der Große

# Schluss mit den Ausreden

Welche dieser Behauptungen kennst du von dir selbst?

- Das erinnert mich an ...
- Das war richtig teuer, das ist doch viel zu schade zum Wegwerfen.
- Das kann ich vielleicht irgendwann noch einmal gebrauchen!

## UND WAS SIND DEINE LIEBLINGSAUSREDEN, WENN ES ANS ENTRÜMPELN GEHT?

# ICH WERDE DICH
# nie vergessen

Tipp gegen die Ausrede „Das erinnert mich an ...“:
Mach ein Foto von diesem Gegenstand,
bevor du ihn wegwirfst.

ENTRÜMPELN

# Wohin damit?

Neben Wegwerfen gibt es noch viele weitere Möglichkeiten, Dinge loszuwerden, die du nicht mehr brauchst.

?

Welche fallen dir ein?
Auf welchen *Onlineportalen* hast du schon einen Account oder welche *Einrichtungen* gibt es in deiner Nähe?

## SINNVOLLE WEGE DES ENTRÜMPELNS

Hier sind ein paar Ideen, was du mit aussortierten Dingen machen kannst:

Wegwerfen geht immer, klar. Gegen das schlechte Öko-Gewissen hilft es, die Gegenstände richtig zu entsorgen. Also: Nicht in den Haushaltsmüll damit, sondern in die passenden Wertstofftonnen. Dann können zumindest die Materialien wiederverwendet werden.

Was noch in gutem Zustand ist, kannst du verkaufen. Sei es auf dem Flohmarkt, im Second-Hand-Laden oder bei Onlineanbietern, es gibt unzählige Möglichkeiten und für jeden Bereich die passende Plattform. Vor allem Markenartikel oder Raritäten lassen sich so noch zu Geld machen – und jemand anderes freut sich darüber!

Auch Verschenken ist eine schöne Möglichkeit, anderen noch eine Freude zu machen. Das funktioniert online und im richtigen Leben. Stelle z. B. eine Kiste mit der Aufschrift „Zu verschenken“ vor die Haustür oder nimm ein paar schöne Dinge mit in die Arbeit, zu Freunden und so weiter.

# Und noch ein paar Ideen

- Upcyceln. Das bedeutet, aus alten Dingen etwas Neues zu machen. Zum Beispiel Kleidung umzunähen oder einen Stapel alter Bücher zum Hocker umzufunktionieren.
- Spenden. Es gibt zahlreiche Hilfsorganisationen, Sozialkaufhäuser usw., die sich über gut erhaltene Kleidung oder Bedarfsgegenstände freuen und sie an Bedürftige weiterleiten.

JE LÄNGER DU NACHDENKST UND DICH MIT DEM THEMA BESCHÄFTIGST, DESTO MEHR MÖGLICHKEITEN WIRST DU ENTDECKEN. SAMMLE SIE HIER:

Hier hast du Platz, noch weitere Themen zu notieren, Ideen zu sammeln oder Erfahrungen und Tipps aufzuschreiben:

AUCH
WENN DU
*verzichtest,*
KANNST DU
GEWINNEN.

# Zwischenstand

Wie ist es dir beim Entrümpeln ergangen?
Halte hier deine Gefühle fest.

Wie schwer fällt es dir, Dinge wegzuwerfen oder wegzugeben?

Wie fühlst du dich, nachdem du dich von Gegenständen endgültig getrennt hast?

Hat sich dein Empfinden im Laufe des Entrümpelns verändert? Was fühlst du, wenn du in Zukunft ans Wegwerfen denkst?

# Loslassen

MACH DICH

FREI

# MINIMALISMUS BEDEUTET MEHR

Wenn du loslassen möchtest, was dich nicht glücklich macht, bezieht sich das nicht nur auf tatsächliche Gegenstände. Schränke, Regale und Zimmer auszumisten und zu entrümpeln ist ein wichtiger Schritt, aber wenn du möchtest, kannst du noch weiter gehen.

Im übertragenen Sinne kannst du auch Beziehungen, Lebenseinstellungen oder Verhaltensweisen aufräumen und verschlanken.

Dies ist ein langfristiger Prozess und du solltest dabei nur so weit gehen, wie du dich wohlfühlst. Setze die folgenden Tipps und Ideen in dem Maße um, wie es dir gut tut. Überstürze nichts und gehe diese Themen in deinem eigenen Tempo an.

Was möchtest du

# LOSLASSEN?

## ÜBERLEGE DIR, WORAUF DU DAS PRINZIP „WENIGER IST MEHR" ÜBERTRAGEN KÖNNTEST.

Notiere hier die Bereiche deines Lebens, in denen du etwas verändern möchtest.

# Termine

Es gibt immer so viel zu tun. Und nie hat man richtig Zeit für die Dinge, die einem Spaß machen! Kennst du das auch? Dann solltest du etwas daran ändern ...

?

Welche Termine sind dir persönlich wirklich wichtig? Egal ob *Alltägliches* wie ein stressfreies Frühstück oder *besondere Dinge* wie ein Ausflug am Wochenende – wofür hättest du gern mehr Zeit?

ZEIT HABEN HEISST
*wissen, wofür man*
ZEIT HABEN WILL
*und wofür nicht.*

Johann Wolfgang von Goethe

Und was sind deine

# ZEITFRESSER?

## WELCHE TERMINE NIMMST DU WAHR, OBWOHL DU KEINE LUST DARAUF HAST?

Schreibe sie hier auf.

# Worauf kannst du verzichten?

Natürlich gibt es Termine, die du wahrnehmen musst, auch wenn du keine Lust darauf hast. Vom unangenehmen Meeting bis zum Wohnungsputz gibt es viele To Dos, die man nicht völlig aus seinem Alltag streichen kann. Umso wichtiger, genau darauf zu schauen, worauf man verzichten kann. Hier nur ein paar Beispiele – wenn sie dich betreffen, kreuze sie an:

- Die Sportstunde, zu der du dich zwingst.
- Das Treffen mit einer/m Bekannten, das dich nervt.
- Das Mittagessen mit einem Kollegen, der nur jammert und schimpft.

## FALLEN DIR NOCH WEITERE BEISPIELE AUS DEINEM ALLTAG EIN?

# DAS MACHE ICH nicht mehr

Überlege, welche Termine du absagen, zumindest aber verkürzen oder seltener wahrnehmen könntest. Schreibe sie in das Feld oben und dann streiche sie demonstrativ durch!

# Flatrates

Sie sind eine Errungenschaft unserer modernen Zeit: Flatrates. So viel man will und so lange man will ...

?

Vom Handy über das Wlan bis hin zum Musikchannel. Sammle hier zunächst, welche *Flatrates* du nutzt:

# Fluch oder Segen?

Und nun frage dich ganz ehrlich: Haben diese Flatrates immer nur Vorteile für dich? Oder belastet es dich ab und an, so viele Möglichkeiten zu haben? Kreuze an, welche dieser Gefühle du kennst:

- Manchmal rufe ich jemanden an, um kurz wegen einer Kleinigkeit Bescheid zu sagen, und telefoniere dann viel länger, als ich eigentlich wollte.
- Wenn Freunde von einer Serie oder einem Film erzählen, habe ich das Gefühl, ich müsste das auch sofort ansehen, um mitreden zu können.
- Seit ich mein Datenvolumen aufgestockt habe, ertappe ich mich oft dabei, jede freie Minute im Netz zu surfen, obwohl ich gar nichts bestimmtes nachsehen oder machen will.

## FALLEN DIR WEITERE SITUATIONEN EIN?

JEDER MENSCH

sollte sich immer
vor Augen halten,

*wie viel mehr er besitzt,*
*als er braucht.*

Joseph Addison

## DAS ZAUBERWORT: DISZIPLIN

Natürlich sollst du nicht sofort alle Flatrates kündigen oder auf das Smartphone oder das Internet verzichten. Doch setze dir selbst von Zeit zu Zeit ein „Stopp“.

Zum Beispiel am Telefon: Wenn du dir vorgenommen hast, nur kurz zu telefonieren, dann konzentriere dich in dem Gespräch auf das Wesentliche.

Mach dir bewusst: Du wirst in deinem Leben nicht jeden Film und jede Serie ansehen können. Also schaue nur, worauf du wirklich Lust hast! Brich einen Film oder eine Staffel ruhig auch mal mittendrin ab. Und wenn du vor dem Schlafengehen noch etwas lesen wolltest, pausiere die Folge einfach und schau am nächsten Tag weiter.

Und ganz wichtig: Sei ab und zu offline! Du musst nicht immer alles mitbekommen. Lass dich ruhig mal darauf ein, etwas zu verpassen. Und gönne dir einen Moment nur für dich!

# EINE KREATIVE Pause

Handy aus, Kreativität an. Lass deiner Fantasie auf dieser Seite freien Lauf!

# Kleiner Exkurs: Musik

Ist Musik für dich ein zentraler Bestandteil deines Lebens? Dann solltest du ihr nochmal eine extra Runde Nachdenken und, ja, auch Loslassen gönnen. Warum?

- Musik ist manchmal auch da, wenn wir sie gar nicht hören wollen. Im Supermarkt, aus der Nachbarwohnung, im Fahrstuhl ...
- Musik an, Kopfhörer rein und nebenbei ... Wieviel bekommst du dann noch mit von der Musik?
- Du lädst dir deine Lieblingssongs und hörst sie auf Dauerschleife. Wann hast du zuletzt das ganze Album eines Künstlers mit seinem Spannungsbogen und in seinen ganzen Facetten angehört?

WENN DIR MUSIK VIEL BEDEUTET, DANN WIDME IHR AB UND ZU AUCH DEN RAUM, DEN SIE VERDIENT. WELCHE ALBEN KÖNNTEST DU MAL WIEDER HÖREN?

Und: Währenddessen Nichtstun nicht vergessen! Einfach nur genießen ...

Music

IS WHAT

FEELINGS SOUND

LIKE.

Platz für weitere

# FLATRATES

## WELCHE WEITEREN FLATRATES HAST DU AUF S. 95 GESAMMELT?

Notiere hier Ideen, wie du in Zukunft damit umgehen möchtest.

LOSLASSEN

# Fotos

Noch so ein Problem, das uns die Moderne beschert hat. Während deine Großeltern vermutlich nur sehr wenige Fotos besessen haben, kannst du mit dem Handy in der Tasche und einer riesigen Festplatte so viele Schnappschüsse sammeln, wie du möchtest.

? Findest du dich in deinen Fotos noch zurecht? Wenn nicht, solltest du ab und zu *loslassen*.

Im ersten Kapitel hast du dich beim digitalen Ausmisten vielleicht bereits durch unzählige Ordner und Speichermedien voller Fotos gewühlt. Wenn nicht, ist es jetzt höchste Zeit dazu! Lösche auch mal was und versuche, ein ordentliches System zu entwickeln. Tipp: Erstelle ein Fotoalbum oder Fotobuch. Dort hinein kommen nur die wirklichen Highlights. Misslungene oder ähnliche Aufnahmen können dann definitiv weg!

? Loslassen beginnt aber schon früher: Frage dich, wie viele Fotos du tatsächlich schießen musst. Ist es nicht manchmal schöner, den Augenblick live und mit deinen eigenen Augen *zu genießen*, als nur durch das Display deiner Kamera?

# Zwischenstand

Wie geht es dir? Gönne dir einen Augenblick der Ruhe und höre in dich hinein.

Wie schwer fällt dir das Loslassen von Verhaltens- und Lebensweisen?

Wenn du versuchst, etwas zu verändern, wie geht es dir dann danach?

Möchtest du weitermachen? Sei ehrlich zu dir selbst und schätze ein, wie gut es dir tut, loszulassen.

*Wenn ich loslasse,*
WAS ICH BIN, WERDE ICH,
WAS ICH SEIN KÖNNTE.
*Wenn ich loslasse,*
WAS ICH HABE, BEKOMME ICH,
WAS ICH BRAUCHE.

Laozi

LOSLASSEN

# Aufgaben

Beim Loslassen gewisser Aufgaben geht es darum, Prioritäten zu setzen und auch einmal „Nein“ zu sagen.

?

Bist du eher der Typ, der Aufgaben auch mal *ablehnt* und sich auf das konzetriert, was gerade persönlich wichtig ist? Oder sagst du oft vorschnell *Ja* und übernimmst Aufgaben, für die du eigentlich gerade keine Zeit hast? Sei ehrlich und beschreibe dich hier kurz:

# Was ist wirklich wichtig?

Es soll hier nicht darum gehen, dass du ein absoluter Egoist wirst, dich nur noch auf dich selbst fokussierst und zu allem „Nein" sagst. Loslassen soll in diesem Bereich vielmehr folgendes bedeuten:

- Lerne, Prioritäten zu setzen. Du kannst nicht alles gleichzeitig erledigen. Es ist eine Frage der Übung, einzuschätzen, was dringend ist und was liegen bleiben kann. Listen und Zeitpläne können dir dabei helfen.

- Befreie dich von der Vorstellung, alles selbst machen zu können. Bestimmte Aufgaben musst du auch mal abgeben oder delegieren. Du kannst nicht überall mitmischen. Auch wenn es dir schwer fällt, lerne, diesen Gedanken zu akzeptieren.

- Und ja, auch das: Mache das, was dir gut tut, und nicht das, was andere von dir wollen. Es ist dein Leben!

NOTIERE HIER WEITERE GUTE RATSCHLÄGE AN DICH SELBST:

EINFACH MAL
WAS VON DER
To-Do-Liste
AUF DIE
Was-solls-Liste
SETZEN.

Ich setze mir

# PRIORITÄTEN

## SKIZZEN WIE DIESE KÖNNEN DIR HELFEN, DICH ZU STRUKTURIEREN.

Notiere dringende Aufgaben in den großen und weniger wichtige in den kleinen Blasen. So bekommst du schnell einen Überblick.

# Informationen

Pausenlos strömen Eindrücke auf uns ein. Das Radio im Hintergrund, der schnelle Blick aufs Smartphone, Werbeplakate ... Es gibt kaum Augenblicke, in denen man keine neue Informationen aufnimmt. Doch man kann sie sich bewusst schaffen!

!

Lasse zu, dass du nicht zu allem eine *Meinung* haben musst. Das soll nicht bedeuten, dass du dich gegenüber deiner Umwelt abkapseln und desinteressiert sein sollst. Aber akzeptiere, dass du nicht bei jedem neuesten Klatsch mitreden oder nicht jede angesagte Serie sehen musst.

Pflege deine Vorlieben. Wenn dich etwas interessiert, beschäftige dich genauer damit. Welche Themen könnten das für dich sein?

# DRÜCKE MANCHMAL auf Pause

Gönne dir informationsfreie Momente. Handy aus und einfach mal an nichts denken ... Welcher kreative Ausbruch könnte dabei entstehen?

# Reisen

Sich beim Reisen auf das Wesentliche zu konzentrieren, kann für jeden etwas anderes bedeuten. Zum Beispiel in einer neuen Stadt nicht von einer Sehenswürdigkeit zur nächsten zu hetzen, sondern einfach mal ohne Ziel und mit offenen Augen durch die Straßen zu schlendern. Oder mal alleine zu verreisen. Oder mal ganz wenig Gepäck einzupacken. Oder ...

? Wie verreist du normalerweise? Und welchen neuen *Herausforderungen* könntest du dich stellen?

## PROBIER'S AUS: ANDERS REISEN!

Um von A nach B zu kommen, brauchst du eigentlich nicht mehr als deine beiden Füße. Klar, es gibt Ziele, die wären zu Fuß nie erreichbar. Oder sind so weit entfernt, dass du für einen kurzen Abstecher deinen Job kündigen und ein Jahr laufen müsstest, um anzukommen.

Aber bestimmt gibt es in deiner näheren Umgebung Orte, die du ganz gut zu Fuß erreichen könntest, aber aus Bequemlichkeit mit dem Auto oder öffentlichen Verkehrsmitteln ansteuerst. Also nimm dir für eine der nächsten Touren in die nähere Umgebung einmal vor, langsam, bewusst und reduziert zu reisen:

Verzichte auf das Auto. Warte nicht auf den Bus und schaue nicht auf dein Smartphone, um die Wartezeit zu überbrücken. Geh einfach los, konzentrier dich auf deine Umwelt und sei ganz bei dir selbst.

# ES GIBT SO VIEL *zu entdecken*

Klebe hier ein Souvenir oder Foto deines Spaziergangs ein, notiere ein paar Gedanken oder zeichne eine Erinnerung auf.

Gut
ZU REISEN
ist besser als
ANZUKOMMEN.

Buddha

# Beziehungen

Dies ist ein sehr komplexes Thema und soll dich auf keinen Fall dazu bringen, Beziehungen abzubrechen und Eremit zu werden. Widme dich diesem Bereich nur, wenn es sich für dich persönlich gut anfühlt.

?

Fallen dir spontan Beziehungen ein, die dich belasten oder dir *Energie rauben?* Menschen, in deren Nähe du dich unwohl fühlst?

## Diese Menschen

# TUN MIR GUT!

### UND WELCHES SIND DIE BEZIEHUNGEN BZW. DIE MENSCHEN, DIE DEIN LEBEN BEREICHERN?

Schreibe sie hier auf, wild durcheinander, ohne Wertung.

KEIN
Mensch
IST EINE
INSEL.

# Beziehungen aktiv gestalten

Du hast dir nun bewusst gemacht, welche Beziehungen dir guttun und welche dich eher belasten. Stelle dir nun die folgenden Fragen:

- Wie kann ich mehr Zeit mit den Menschen verbringen, die mir Kraft schenken?
- Was kann ich tun, um diese positiven Beziehungen zu stärken?
- Kann ich Probleme in kritischen Beziehungen ansprechen und sie so verbessern?
- Wie kann ich die Zeit mit Menschen, die mir Energie rauben, möglichst reduzieren?
- Gibt es sogar Beziehungen, die ich abbrechen muss, weil sie mir schaden?

WELCHE KONSEQUENZEN ZIEHST DU AUS DEINEN ÜBERLEGUNGEN?

Ist da

# NOCH MEHR?

## GIBT ES NOCH WEITERE BEREICHE, IN DENEN DU DINGE LOSLASSEN MÖCHTEST?

Notiere sie hier. Auf den folgenden Seiten hast du Platz für deine ganz persönlichen Themen.

## LOSLASSEN

Hier hast du Platz, noch weitere Themen zu notieren, Ideen zu sammeln oder Erfahrungen und Tipps aufzuschreiben:

Hier hast du Platz, noch weitere Themen zu notieren, Ideen zu sammeln oder Erfahrungen und Tipps aufzuschreiben:

## LOSLASSEN

Hier hast du Platz, noch weitere Themen zu notieren, Ideen zu sammeln oder Erfahrungen und Tipps aufzuschreiben:

# FINDE DICH SELBST

Keine Sorge, das hier soll kein spiritueller Selbstfindungstrip werden. Aber der Kern des Projekts Minimalismus, das du auf den letzten Seiten umgesetzt hast, ist doch, das herauszufiltern, was dich glücklich macht. Und alles andere auszusortieren. Dadurch hast du dich im Laufe der Zeit selbst besser kennengelernt. In diesem Sinne solltest du zum Abschluss dieses Kapitels drei Dinge ausprobieren:

Halte die Stille aus. Kein Fernseher, keine Musik, keine Ablenkung. Nur du und deine Gedanken.

Sei allein. Egal, ob im Kino oder bei einem Spaziergang – konzentriere dich nur auf dich, deine Gefühle, deine Wünsche und Träume.

Langweile dich. Mach mal nichts. Wirklich nichts. Ohne Zeitdruck. Gib deiner Kreativität und deinen Ideen Raum, sich zu entfalten!

# Zwischenstand

Du hast ausgemistet, entrümpelt, losgelassen.
Und jetzt? Wie fühlst du dich?

Wie schwer ist dir der Weg bis hierhin gefallen?

Und wie geht es dir jetzt?

Wie groß ist deine Lust, weiterzumachen?

# Zum Schluss:

## GEGEN DEN JOJO-EFFEKT

# Und wie geht's jetzt weiter?

Der Mensch ist ein Gewohnheitstier. Damit sich alte Routinen nicht wieder einschleichen und deine Ordnung nicht wieder in Chaos umschlägt, solltest du ein paar Tipps beherzigen. Doch zunächst: Was trifft am ehesten auf dich zu?

- Ich bin im Aufräum-Fieber! Ausmisten macht mir inzwischen richtig Spaß und ich freue mich darauf, in diesem Sinne weiterzumachen.
- Puh, das war anstrengend. Aber mit meiner neuen Ordnung geht es mir besser. Darum möchte ich daran festhalten, auch wenn es schwer wird.
- Das war's! Minimalismus ist nichts für mich.

Wenn du den letzten Punkt angekreuzt hast: Das ist auch ok, danke fürs Mitmachen! Wenn du den ersten Punkt angekreuzt hast: Wow, Kompliment!

**HIER KANNST DU DIR SELBST EIN PAAR HILFESTELLUNGEN FÜR DIE ZUKUNFT NOTIEREN:**

## DU HAST DEN ZWEITEN PUNKT ANGEKREUZT?

Dann kommen auf den folgenden Seiten ein paar Tipps, mit denen es dir nicht schwerfallen sollte, an deinen Plänen festzuhalten.

Rufe dir eins immer wieder in Erinnerung: Definiere dich nicht über deinen Besitz! Du hast dich im Laufe der letzten Wochen besser kennengelernt, hast deine Verhaltensweisen hinterfragt und deine Umgebung, bestimmt aber auch dich selbst ordentlich umgekrempelt. Du weißt, wer du bist und was du willst. Und wichtig ist ganz sicher nicht, ob du eine weitere Hose im Schrank hast oder ob du den angesagten Film, der dich eigentlich gar nicht interessiert, gesehen hast. Wichtig ist allein, was dich persönlich glücklich macht!

Sei stolz auf dich selbst!

DEIN NEUES MANTRA

# Eins rein, eins raus

Eigentlich ganz einfach: Bevor du etwas Neues kaufst, muss etwas Altes weichen, um Platz zu schaffen. Wenn du ein neues Paar Schuhe willst, musst du dich von einem alten trennen. Kaufe dir erst dann ein neues Shampoo, wenn das alte aufgebraucht ist ... na gut, fast. Am zweiten Beispiel siehst du schon: Ganz so einfach ist es eben doch nicht.

!

Versuche dennoch, dich zumindest grob an diesen Leitfaden zu halten. Kleine *Ausnahmen* (wie beim Shampoo) sind erlaubt. Solltest du aber größere Ausnahmen machen (wie zum Beispiel ein Paar Schuhe), dann notiere sie hier. Wird die folgende Liste zu lang, solltest du die *Reißleine* ziehen und wieder anfangen, auszumisten.

Sei streng

# MIT DIR SELBST

## DU HAST DIR VIELE NEUE ORDNUNGSSYSTEME GESCHAFFEN. HALTE DICH AUCH IN ZUKUNFT DARAN!

Notiere hier ein paar Beispiele, um dich von Zeit zu Zeit daran zu erinnern.

WENN DU ERKENNST,

*dass es dir*

AN NICHTS FEHLT,

*gehört dir*

DIE GANZE WELT.

Laozi

# Tipps gegen den Konsum

Die Rechnung ist einfach: Wenn du nichts Altes aussortieren möchtest, darf nichts Neues dazukommen. Hier ein paar Hilfestellungen für zukünftige Shopping-Gelüste:

- Leihen statt kaufen: Inzwischen gibt es auch online viele Möglichkeiten, zum Beispiel Kleidung oder Taschen zu leihen. Entweder für einen besonderen Anlass oder zum Ausprobieren.
- Erstmal nachschauen! Das ist doch jedem schon mal passiert: Man kauft etwas Neues und stellt dann zu Hause fest, dass man etwas Ähnliches bereits besitzt, aber total vergessen hat ... Kontrolliere in Zukunft, ob du das Gewünschte wirklich brauchst. Oder tausche es um, wenn du deinen Fehler bemerkst.
- Qualität statt Quantität: Kaufe lieber das eine, ganz besondere Teil, das du unbedingt haben willst, auch wenn es etwas teurer ist – statt es dir zu verkneifen und etwas anderes zu kaufen, das dann doch nicht so richtig passt und im Schrank verstaubt. Denn dann kaufst du wieder etwas Neues und so weiter ...

HAST DU AUCH NOCH EIN PAAR TIPPS FÜR DICH SELBST?

# SCHREIBE DIR EINEN
# Wunschzettel

Wenn du etwas Neues haben möchtest, kaufe es nicht sofort, sondern setze es erst einmal auf den Wunschzettel. Vielleicht brauchst du es gar nicht?

DAS SCHÜTZT VOR

# ungewollten Geschenken

Du bekommst oft Dinge geschenkt, mit denen du gar nichts anfangen kannst und die dann nutzlos herumstehen?

! Hab keine Scheu davor, dir etwas *zu wünschen*. Meistens sind die anderen sogar ganz froh, wenn du ihnen einen Tipp gibst. Der Wunschzettel links ist doch ein guter Anfang ...

Übrigens darfst du dich von ungewollten Geschenken trennen. Du wirst keinen bösen Fluch auf dich ziehen, wenn du etwas wegwirfst oder weggibst, das du geschenkt bekommen hast.

! Auch wenn es dir schwer fällt: Sag dem anderen, wenn dir ein Geschenk *nicht gefällt*. Nur so kannst du verhindern, dass du in Zukunft wieder etwas Ähnliches geschenkt bekommst.

Deine Highlights der schlimmsten Geschenke aller Zeiten:

# BELOHNE DICH SELBST!

Bei aller Motivation und Tatkraft solltest du nie den Spaß verlieren. Geh das alles nicht zu verbissen an, drück ab und zu ein Auge zu und: Belohne dich selbst.

Eine Möglichkeit ist zum Beispiel, eine Spardose einzurichten. Wenn du dir etwas nicht gekauft hast, weil du konsequent die Tipps auf den vorherigen Seiten befolgt hast, dann gib das gesparte Geld in diese Spardose. Wenn du eine schöne Summe beisammen hast, kannst du dir etwas richtig Tolles gönnen!

Und der vielleicht wichtigste Ratschlag bisher: Bleib chaotisch! Erlaube dir, manchmal auszubrechen. Du kannst z. B. ein Fach in deinem Kleiderschrank oder eine Ecke in einem Zimmer für dein geliebtes Chaos freihalten. Dort darf dann alles völlig ungeordnet reingestopft werden. Das tut doch auch manchmal gut, oder?

DON'T
worry,
BE
HAPPY!

Nur nicht

# NACHLASSEN

## NIMM DIR REGELMÄSSIG VOR, BESTIMMTE BEREICHE ERNEUT AUSZUMISTEN, ZU ENTRÜMPELN UND DINGE LOSZULASSEN.

Notiere hier, wann du was in Angriff nehmen möchtest, z. B.: Kleiderschrank – Herbstanfang.

# UND NOCH MEHR Ideen

Hier ist Platz für deine eigenen Tipps
und guten Vorsätze.

# Und zum Schluss

Du bist nun am Ende dieses Buchs angelangt.
Zeit, Bilanz zu ziehen!

Wie ist es dir auf dem Weg bis hierher größtenteils ergangen?

Wie fühlst du dich, wenn du deine (aufgeräumte) Umgebung betrachtest?

Wie fühlst du dich, wenn du in dich hinein horchst?

*Wenn ich loslasse,*
WAS ICH HABE,
*bekomme ich,*
WAS ICH BRAUCHE.

Laozi

# Das war's?

Noch mehr Lebensfreude
finden Sie auf:

**www.groh.de**
**facebook.com/grohverlag**
**instagram.com/grohverlag**

MIX
Papier aus verantwortungsvollen Quellen
FSC® C023419
FSC www.fsc.org

Die nachhaltige Waldbewirtschaftung und die verantwortungsvolle Gewinnung des Rohstoffs Papier ist uns ein Anliegen. Daher werden alle Buch- und Kalender-Neuheiten auf FSC®-zertifiziertem Papier gedruckt.

ALLES GUTE
GLÜCK
ZEIT für DICH
Motivation
Genieß den Moment
LEBENSFREUDE
SPASS
GELASSENHEIT
KLEINE FREUDEN
Einen guten Tag
ein JA
SCHENKEN

Was wäre das Leben ohne Lebensfreude? Recht farblos, ein wenig trostlos und ziemlich langweilig. Dabei ist es doch so einfach, ein wenig Farbe in den Alltag zu bringen. Mit einem lieben Wort, einer guten Tat oder einer kleinen Aufmerksamkeit. Zum Beispiel dieses Buch: bunt auf weiß, ein Lächeln auch an grauen Tagen. Das ist schließlich seit 1928 unsere Aufgabe – inspirieren und begeistern, mit Kopf und Herz.

Ihr Groh Team

Dieses Eintragbuch entstand in enger Zusammenarbeit mit meiner Kollegin Stefanie Müller. Wir haben Ideen gesammelt, mit unseren Grafikern an der Gestaltung gefeilt und nicht locker gelassen, bis alle zufrieden waren. Und hier ist es nun: Ein Buch, mit viel Liebe gemacht, das hoffentlich gute Dienste leisten wird beim Ausmisten und Entrümpeln!

Vielen Dank an alle Beteiligten und an die kleine M.
für die ganz persönliche Inspiration.
Carolin Mandel

Idee und Konzept:


Textnachweis:
Wir danken allen Autoren bzw. deren Erben, die uns freundlicherweise die Erlaubnis zum Abdruck von Texten erteilt haben.

Bildnachweis:
Foto und Grafiken auf Cover und Innenseiten: Shutterstock/Ihnatovich Maryia; stock.adobe.com/Kirsty Pargeter; Grafiken Innenseiten: Shutterstock/Paladin12; Shutterstock/Tanarch; S. 6 und 91: stock.adobe.com/Konstiantyn; S. 12: Shutterstock/iryna1; S. 30, 34 und 40: stock.adobe.com/Kirsty Pargeter; S. 45: Shutterstock/L Lauzuma; S. 70: Shutterstock/Bunwit Unsere; S. 72: Getty Images/iStock/mammoth; S. 77: Getty Images/E+/aydinmutlu; S. 86: stock.adobe.com/1xpert; S. 97: stock.adobe.com/Iakov Kalinin; S. 105: Getty Images/Moment/Supoj Buranaprapapong; S. 115: Getty Images/Moment/Nattachart Jerdnapapunt; S. 126: Getty Images/Moment/Levente Bodo; S. 132: stock.adobe.com/Gudrun; S. 141: stock.adobe.com/kichigin19.

Layout: Eva Jahnen, cüvee – Empathisches Design
Satz: textum GmbH, Feldafing

Was mich nicht glücklich macht, kann weg – Mein Ideebuch zum Ausmisten, Entrümpeln und Loslassen
ISBN 978-3-8485-2249-1


197005-4253-01